EN CASO DE EMERGENCIA
Emilia Pesqueira

Portada por Francesca Strano

© 2017, Emilia Pesqueira
Reservados todos los derechos.
ISBN: 154804878X
ISBN-13: 978-1548048785

Para las flores que intentan crecer sobre heridas.

Y porque la palabra *quiere*
no tiene la culpa de sonar tan parecido a *hiere*.

Rómpeme en caso de emergencia

Me duermo con frío
pero me despierto a las 4 de la mañana
sudando.

No me como la parte fea de las manzanas,
y me apego a las distracciones para poder lidiar con el vacío
que dejan las personas en mí.

Me dicen que soy demasiado rara
pero que no soy suficiente,
que las cosas que hago
y las cosas que digo
no van conmigo.
Pero sí van conmigo,
simplemente no van con el mundo.

Nací lunática
y enterrada,
moriré sana
y con alas.

Me enamoro más en mis sueños
de alguien al que nunca le he visto la cara,
que en la vida real
de alguien a quien veo diario.

Soy todo menos noble,
porque la acción más noble que puedes hacer
es dejar ir,
y en eso, me considero un fracaso.

Me como las uñas a finales de mes

pero nunca a principios,
y me quiero deshacer de mi identidad
de la misma manera en la que se deshizo de mí
la única persona que me ha querido
sin querer.

Soy mi propio portazo en los dedos
y mi propio signo de interrogación
que se queda en el aire cada vez que me río.

Hay demasiados libros en mi cuarto,
me ayudan a fingir que el tiempo no pasa tan rápido,
y estoy en proceso de coserme y arreglarme.

Cuando tengo miedo me regreso a ser niña,
para tenerle miedo a cosas que no dan tanto miedo,
para tenerle miedo a la oscuridad
en vez de al futuro.

Paso demasiado tiempo descalza
y muy poco dormida.
Escalo árboles
pero me dan miedo las alturas.

Sigo sin entender cómo fuimos tan felices
estando tan jodidos,
y sigo contando las veces que mi papá parpadea
cuando se enoja.

Tengo la mirada perdida
y mi mente no deja de buscarla.
Me baño con agua fría
y tomo vino barato.

Rómpeme en caso de emergencia

Hay cenizas de cigarro
entre las páginas de la mayoría de mis cuadernos,
y nunca tengo plumas suficientes
porque las rompo cada vez que escribo de *eso*.

Siempre he sido de risa y lágrima fácil.

Mi sueño es no tener sueño nunca
y poder robarle las estrellas a la noche
sin que se de cuenta.

Quiero que me resuelvan
pero sin que me digan que soy un problema.

Siempre soy la última persona en perdonarme
y demasiadas veces me he pedido perdón.

Y soy un lienzo salpicado de cicatrices,
pero prefiero eso
a tener una piel que no ha vivido.

Léeme
a los ojos.

Rómpeme en caso de emergencia

Leer
es refugiarse
y escribir
es convertise
en refugio.

El vértigo
del *hola*
Y la esperanza
del *adiós*.

Rómpeme en caso de emergencia

A veces me silencian las manos.

A veces siento como si mi alma
se atragantara con todas las letras
y quiero gritar pero me tapan la boca.

A veces me encierran
porque les dan miedo mis palabras
y lo que las personas podrían pensar
si las digieren correctamente.

A veces me callo por miedo a que mi voz se vuelva eco
entre tanto ruido
y a veces me escondo,
me hago chiquita,
por miedo a que rompan mis historias.

Me resigno a vivir en silencio.

Hay que escribir,
al principio sin que se note mucho,
y luego
sin que nos puedan callar.

Si me preguntaran,
les diría que es
un campo minado de estrellas.

Rómpeme en caso de emergencia

Nos movemos entre la multitud
como hojas secas
bailando con el viento,
y lo hacemos al ritmo
de nuestros propios latidos.

Nos desplazamos de un lado a otro,
con cuidado para no pisarnos los pies
o estamparnos
contra algún cuerpo sin alma.

Y estamos intentando no perdernos de vista
entre tantos ojos
que prefieren mantener la mirada clavada en el suelo
que arriesgar perder un poco equilibrio
por mirar el cielo.

Nos aterra la inmovilidad
pero nos quedamos quietos
cuando nos gritan
que corramos por nuestras vidas.

Preferimos el frío para no quemarnos,
y observamos el mar sin tocarlo
por miedo a ahogarnos.

Bienvenidas y luego despedidas,
despedidas y luego bienvenidas.
El orden de los comienzos
no altera el final,
siempre termina
en un corazón entumecido.

Enterrados debajo de una eterna rutina,
con las manos aferradas
a un sueño afónico de tanto gritar
y con los pies exhaustos
de tanto correr en el mismo lugar.

Cargamos con corazas y máscaras
para no delatar nuestra vulnerabilidad,
pero nacimos para ser irreparables.

Nacimos intactos
para después destruirnos
hasta poder llamarnos arte.

No estamos aquí
para convertirnos en soldados
de una guerra que nos declaramos a nosotros mismos
con voz temblorosa.

Estamos aquí
para enamorarnos de una libertad
que huye,
pero solo para que la persigamos
y así
nos salvemos de tener un futuro predeterminado
por nuestros miedos.

Rómpeme en caso de emergencia

Somos un nudo
que no vale la pena
deshacer.

Sería una locura
no apostarlo todo
cuando tenemos todas
las de ganar.

Rómpeme en caso de emergencia

Tengo un corazón
desobediente
entre mis costillas.

Cuando la única persona
a la que le querías
prohibir la entrada
se vuelve en tu
salida de emergencia.

Rómpeme en caso de emergencia

Se nos congelaron
los miedos
y nos temblaron
las ganas.

Esto es mucho pedir
y tú serías mucho perder.

Rómpeme en caso de emergencia

Somos eso que
no sabes dónde empezó
ni dónde termina.

Éramos dos aviones de papel
atorados
en el mismo árbol.

-¿Cómo es?

                              -Construye puentes
                         donde hay puro precipicio.

Maldigo los paraguas.
Maldigo los techos.
Maldigo todo eso
que nos impide convertirnos en lluvia.

Que no nos deja deshacernos entre las gotas
y no nos quiere ver bailar
al ritmo de los rayos y truenos.

No me quiero tapar,
no me quiero cubrir la cara,
y no quiero salir corriendo.

Me gusta cómo la humedad viste mi piel
mejor que cualquier vestido.
Me gusta cómo el viento de una tormenta
me abraza
y se atora en mis pestañas.

Me gusta pensar que soy más que humana,
que soy aguacero,
que soy lluvia.

Rómpeme en caso de emergencia

Tú,
sosteniendo dos espadas.
Yo,
con el corazón en la mano.

Y jugamos.

Y estaban cada vez
más cerca
de alejarse.

Rómpeme en caso de emergencia

Sé perfectamente
que estás hecho pedazos.

Que no eres de esos
que nacieron para ser enteros,
completos.

Eres de esos
que nacieron para repartirse
en manos de otras personas,
esperando no perder ninguno de sus pedazos
pero sabiendo que difícilmente
podrán estar todos juntos.

Sé que hay que quererte
sin querer arreglarte.

Que no hay que perder el tiempo
buscando maneras para que vuelvas
a funcionar como antes.
Es inútil,
como si alguien quisiera arreglar
los focos fundidos de su casa,
pero
sin tener focos nuevos a la mano.

Sé
que tu piel está llena de abismos.

Que parecieran devorarte por completo
si los tocas
y por eso dan tanto miedo,
pero simplemente son invitaciones a aprender a volar.

La cosa es atreverse a saltar
y no sólo asomarse.

Sé que tus aguaceros
son intermitentes
e infinitos.

Que no vienen con algún manual de instrucciones
para saber cómo sobrevivirlos,
y a veces
se ahogan tus propios sueños
en tus aguas.

Sé que a veces
la memoria te falla.

Que difícilmente encuentras a los recuerdos
que consiguieron escaparse de tus manos,
pero si buscas bien,
los podrías encontrar enredados en tu pelo.

Sé que todo esto
te hace imperfecto.
Que te hace humano,
y hace que tus cicatrices
cuenten las mejores historias.

Sé que te tengo que querer
roto y perdido.
Que no hay otra manera.

Sé que eres así
porque es una señal de que has vivido.

Rómpeme en caso de emergencia

Que has sobrevivido.

Y sé
que tú sabes
que yo sé,
y por eso
estoy tranquila

Me hiere,
no me quiere,
me quiere,
no me hiere.
-pétalo por pétalo.

Rómpeme en caso de emergencia

Le puse tu nombre a mi sombra.

Porque amaneces
cuando yo lo hago
y te desapareces con la luna.

Porque nos movemos al mismo ritmo,
caminamos dando los mismos pasos,
respiramos el mismo aire,
y nuestros latidos
retumban en el pecho
al mismo tiempo.

Porque no hay molde que te limite,
estamos atados a una cercanía permanente,
y no tenemos ni final
ni comienzo.

Porque eres testigo de mis insomnios
y cómplice
en mis búsquedas eternas
por laberintos hechos de incertidumbre.

Porque te vuelves intangible
y te pierdo de vista
cuando la luz se esconde
y se aleja de mí.

Porque me has visto morir
y renacer
miles de veces en un mismo día,
y yo te he visto ir
y venir

cientos de veces
durante una tormenta.

Porque eres parte de mí.

Porque a veces
estás,
y porque a veces
no.

Rómpeme en caso de emergencia

Hay ruidos
que pasan a ser canción,

y viceversa.

Fuimos un callejón
y nunca
encontramos
la salida.

Rómpeme en caso de emergencia

Nos debiste
de haber visto.

Lo vi y me vio.

Como quién voltea a ver al sol
pero sin durar mucho tiempo.
Y duele, incomoda,
y te deja viendo negro por unos segundos.

Le hablé y me hablo.

Como quien habla con un extraño que apenas conoció
pero que conoce mejor que a nadie.
Y es raro, desgasta,
y no sabes si esperar una respuesta.

Lo toqué y me tocó.

Como quien acerca la mano al fuego
pero toca algo parecido al hielo.
Y sorprende, asusta,
y te hace temblar cuando antes hacía todo lo contrario.

Me alejé y se alejó.

Como quien sale de su casa y se olvida de apagar una
luz,
sabiendo que regresaría,
pero no lo hace.
Y te deja sin aire, mata,
y quieres poder revivir
pero no sabes cómo.

Rómpeme en caso de emergencia

Hay miradas
que parecen puentes
rotos.

Todos somos
causas
y
(d)efectos.

Rómpeme en caso de emergencia

No nos dejes pasar.

Te fuiste
y me extraño.

Rómpeme en caso de emergencia

Pude quererlo los domingos,
que no es lo mismo
que quererlo cualquier otro día de la semana.

Porque lo tienes que querer mejor,
lo tienes que abrazar más fuerte,
más tiempo.

Los domingos
resaltaban las ausencias en sus ojos,
y se volvía frágil,
vulnerable.

Por eso lo tuve que aprender a querer
cuando su alma
no se atrevía a verme,
cuando agachaba la mirada.
Tuve que coserle bien las alas
y robarle al tiempo ese cachito de eternidad
que le hacía falta
para poder recuperarse.

Pude quererlo los domingos,
cuando necesitaba cercanía
y el sonido de latidos ajenos a los suyos,
esos que bajan el ritmo
y hablan en murmullos poco audibles.

Pude quererlo
cuando sus miedos le pesaban demasiado
y sus inseguridades
se escondían entre sus pestañas.
Pude quererlo

para que sus adentros se renovaran
y estuviera listo
para la batalla que significaba la semana que venía.

Pude hacerle entender que
en los domingos,
los pedazos que le faltaban
no tenían importancia.
Que aunque las noches duraban más
y los sueños salían a caminar
sin saber regresar,
él estaba bien.

Que era domingo,
y no lo iba a dejar
de querer.

Rómpeme en caso de emergencia

Eres demasiado
tarde.

Te escondiste
y ya no salí
a buscarte.

Rómpeme en caso de emergencia

Creo que con un *había una vez*
es la manera correcta
de empezar a contar lo que nos pasó,
lo que fuimos,
lo que había.

Porque sí,
había una vez.
No había segundas
ni terceras
ni cuartas veces.

Siempre me han encantado
las experiencias cercanas a la muerte.
Por lo efímeras
e inusuales.
Por lo emocionantes
y por cómo te dejan respirando
como si quedara poco aire.

Por eso creo que es justo
que te compare con una,
porque casi morí,
casi me mataste.
Y ahora
no hay nada más aburrido,
pero por más que quiera
no puedo volver a ocasionarnos.

Porque había una vez.
Y ya pasó.

Pero cómo explicarte
que hay palabras
que te dejan con heridas de bala,
y que lo peor que puedes hacer
es enamorarte del disparo.

Rómpeme en caso de emergencia

-Dime algo que no sepa.

-Querer.

Veníamos de paso
y pasamos
demasiado rápido.

Rómpeme en caso de emergencia

Te quise
con todas mis lunas.

Perder.
Escuchar esa palabra
nos da vértigo
y nos pesa la lengua cuando la decimos,
aunque sea en voz bajita.

Esa palabra tiene el poder
de adentrarse en lo más profundo de nuestra piel
y hacernos sentir como si siempre camináramos
en arena movediza.

Pero no es tan mala,
tan abismal,
tan amarga.

Porque si perdiste algo,
es porque en algún momento lo tuviste.

Y *tener* no se trata de pertenencia,
se trata de estancia.
No es propiedad,
es compañía.

Estuvo en tus manos,
o en tu cabeza,
o en tu vida.

Lo tuviste.
Y eso vale la pena,
aunque lo pierdas.

El superpoder
de retirarse a tiempo.

De vez en cuando
cuando conozco a alguien,
me toca sentir que estoy parada
a la orilla de un acantilado

Que algo tan sencillo
como un paso,
me puede hacer caer,
o no.

La mayoría de las veces
no.

Me alejo cuando veo el precipicio,
cuando veo lo profundo que podría caer
si me resbalo
o me dejo ir.

Me alejo cuando veo lo incierta que parece ser la caída,
que no sé si termina
con unos brazos abiertos
o con agua
que me golpearía como cemento.

Y aún así,
no me alejé contigo.

Nos acercamos,
caminando de la mano,
y saltamos al vacío.
Sabiendo que solo uno de los dos
traía paracaídas.

Rómpeme en caso de emergencia

Durante la caída,
tú te aferraste a tu seguro de vida
y yo me aferré
a la esperanza de que la fuerza de tus manos
sería suficiente para no dejarme caer.

Pero me equivoqué,
porque cuando me lancé
con una velocidad mayor a la de la luz,
choqué
contra la superficie más dura de todas:
la realidad.

Y ahora
regresas todos los inviernos,
acostumbrado a que convierta tus noches más frías
en verano.

Regresas por esos domingos
en los que pedíamos felicidad a domicilio
y guardábamos a las nostalgias
en cajones con llave.

Pero me recuperé,
gracias al tiempo
y a mi mala memoria.
Porque el tiempo
se dejó de colgar sobre mi espalda
y ya no me pesa,
y mi mala memoria
se aseguró de que ya no recuerde bien
cómo me reflejé en tus pupilas algún día.

Mis manos se cansaron
de tanto intentar atravesar tus armaduras
y mis alas crecieron.

Ya vuelo sin necesitar paracaídas.

Mi piel se hizo inmune
al sonido de tu voz
y mis pies avanzan sobre nuevos caminos.

Mis ojos se vaciaron
y te mentiría
si te digo que no te extrañé
cuando sentí cómo tus palabras
se escurrían por mis mejillas,
pero ya no tengo el alma abrazada a tus tobillos.

Contigo no me alejé al ver el precipicio,
pero contigo
tampoco morí
(por completo)
después de la caída.

Rómpeme en caso de emergencia

Cambias
con el pasar
de los daños.

No existe peor lejanía
que la de
estar cerca
sin poder tocarse.

Rómpeme en caso de emergencia

Una vez fui el globo
que alguien soltó.

Es pesado
cargar con todo
lo que no se dice.

Rómpeme en caso de emergencia

Fuiste
el mejor escondite.

Tu mente y tu cuerpo
te están pidiendo a gritos
que florezcas,
entonces deja crecer raíces
en las puntas de tus dedos.

Déjalas crecer
aunque tus manos
sigan cargando con el peso
de su despedida.

Guía a tus árboles
para que encuentren refugio entre tus costillas.
Que encuentren un espacio
aunque todo parezca estar habitado
por las palabras
que decidió abandonar
y no llevarse consigo
cuando se fue.

Corta las hiedras
que se amontonan en tus pulmones
y que últimamente
no te dejan respirar.

Córtalas
aunque sus formas y tamaños
te recuerden a su manera de caminar,
y recoge tus pétalos
aunque el patrón que crearon
al tocar el suelo de tu estómago
te recuerde a sus lunares.

Rómpeme en caso de emergencia

Florece
hasta que te vuelvas bosque,
hasta que tu cuerpo se convierta en templo,
y asegúrate de que tu naturaleza
sea tuya,
sin pertenecerle a nadie.

Florece.

Florece
hasta que puedas tocar el cielo.

A veces
dañamos a la espina
y no al revés.

Rómpeme en caso de emergencia

Hay miradas
que se cruzan
pero no chocan.

Te confundí con respuesta
y
eras pregunta.

Rómpeme en caso de emergencia

Me enseñaste
que lo eterno
dura lo que un semáforo en amarillo,
y por ser terremoto,
terminas viviendo entre grietas.

Me enseñaste
que si saliste vivo
de cada una de las guerras,
es porque perdiste todas las batallas,
y que es mejor recordar
de qué estas huyendo,
que hacia donde te diriges.

Que hay palabras
que te dejan con heridas de bala,
y que lo peor que puedes hacer
es enamorarte del disparo.

Me enseñaste
que duele menos
ignorar la herida
que intentar curarla con manos torpes,
y que conocer la cura
sólo nos acerca a la enfermedad.

Que los lunares
se pueden sentir como cicatrices,
y que para saber si alguien se ha ido,
solo basta con querer pedirle que se quede.

Me enseñaste
que es absurdo construir barreras

cuando la guerra ya la traes dentro,
y que unos ojos
pueden ser tu solución,
pero tus manos
pueden convertirse en uno de sus problemas.

Y me enseñaste
que olvidarnos
nunca estuvo entre nuestros planes,
pero siempre nos ha salido bien
eso que nunca planeamos.

Rómpeme en caso de emergencia

Dijiste *adiós*
con los dedos cruzados
y los ojos
cerrados.

La hoja en blanco
es una historia
difícil de contar.

Rómpeme en caso de emergencia

Siempre fuimos
el corazón
y la flecha.

¿Quién fue qué?

No sé.

Aceleramos
sin saber a dónde
nos dirigimos.

Rómpeme en caso de emergencia

-Pero, ¿cuándo dejas ir?
¿Cuándo lo das por perdido?

							-Cuando te mata
						más de lo que te cura.

Entiendo que tus huesos estén exhaustos,
los míos parecen romperse
con sólo tocarlos,
y entiendo que tus manos
ya no quieran sostenerte,
hace tiempo que las mías
ya no me pertenecen.

Porque lo que pasó,
no fue que no hayamos tenido alas para volar,
sino que las teníamos
pero nos robaron el cielo.

Y la tierra sin cielo,
no sabe estar,
entonces nos quedamos varados
en un espacio vacío.

Pero fue exactamente lo que necesitábamos.

Tenemos los ojos inundados de libertad
y debajo de nuestra piel
hay una revolución que muere por estallar.

Quedarse sin nada
lo es todo,
y perderlo todo
no es nada.

Por eso nacemos gritando
y por eso nos doblamos sobre nosotros mismos
cuando lloramos.

Rómpeme en caso de emergencia

Porque estamos hechos para esto,
para morir
 y revivir,
convertirnos en ciclones,
y construir sobre lo que alguna vez
destruimos.

Para abandonarnos
y empezar de cero.

Para que siempre que nos digan
sálvese quien pueda,
podamos.

No se puede ser libre
si vas de la mano
con algunos recuerdos.

Rómpeme en caso de emergencia

Todos vivimos
en alguien.

Como alguien
que se dedica toda la vida
a cicatrizar.

Rómpeme en caso de emergencia

Nos detiene el miedo
a ser
lo que no somos.

Nadie sabe
lo que nos pueda reparar
el futuro.

Te quiero
(re)conocer.

Te vi a los ojos.

Y te vi
comiendo pastel de chocolate en casa de tu abuela,
y subiendo los codos en la mesa
cuando nadie te miraba.

Te vi
correteando libélulas en ese jardín enorme,
y alcanzando la rama más alta de un árbol
que parecía tocar el cielo.

Te vi
jugando a las escondidas,
refugiado dentro de un armario con los dedos cruzados
pensando que así nadie te encontraría,
y te vi muerto de risa
cuando tu papá te hacía cosquillas antes de dormir.

Te vi
tocando la puerta de tu vecina
para recuperar tu pelota favorita,
y vi como tus ojos se llenaron de miedo
cuando tu avión de papel cayó a los pies de tu maestra.

Te vi
cuando vestías inocencia
y curiosidad,
cuando vivías despeinado
y sin preocupaciones,
cuando tu corazón seguía intacto
y tus rodillas raspadas
eran tus únicas heridas.

Rómpeme en caso de emergencia

Y un día,
hablando
entre el humo de cigarros rotos,
me dijiste que nunca tuviste infancia.

No dije nada,
pero espero que sepas
que no te creí ni por un segundo.

Hay que quererte
sin querer.

Rómpeme en caso de emergencia

Todos merecemos una despedida que
no
suene a portazo.

Hay cosas que me han salvado la vida
miles de veces.

Cosas como una luna llena,
como un abrazo
donde estorba la piel,
como un *te quiero* a tiempo,
y como una llamada
a las 2 de la mañana.

Cosas como pronosticar una tormenta
pero que termine siendo un día soleado,
como sentirse más vivo que nunca
mientras te estás muriendo de risa,
y como leer eso que te sana
y pensar que no existe
mejor coincidencia
que ésa.

Cosas como un *todo va a estar bien*
interrumpiendo el silencio,
como las promesas sin espinas,
y como los arco iris
que se forman en los ojos
cuando sonreímos
después de haber llorado.

Cosas como la lluvia en la cara,
como los castillos de arena
que sobreviven miles de olas,
como el arte
que invade los huesos sin previo aviso,
y como las pestañas

que sí se convierten
en deseos cumplidos.

Cosas como encontrar
sin haber buscado,
y cosas como
sentir que la palabra *bien*
abre paso por tu garganta
cuando alguien te pregunta cómo estás,
y te das cuenta
de que puedes pronunciarla
con toda la sinceridad del mundo.

Te guardaron
en la cajita
de objetos perdidos.

Rómpeme en caso de emergencia

Él,
su pasatiempo favorito
siendo recordar
y ella,
que olvida
cómo olvidar.

Nos acabó
el tiempo.

Rómpeme en caso de emergencia

Le puse tu nombre
a mi sombra.

Era querer volar juntos
estando en diferentes cielos.

Rómpeme en caso de emergencia

No dejan de preguntarme
qué me duele,
y no me entienden
cuando les señalo
la ventana,
el piso,
y el cielo.

Porque no es qué me duele
sino quién.

Quien se fue por la ventana,
quien convirtió el piso en polvo
y quien me robó el cielo.

No hay peor cobarde que ése,
el que evita salir por donde entró
por miedo a ser atrapado por unas ganas inmensas
de quedarse.

No hay peor mentiroso que ése,
el que promete construir un suelo
solo para destruirlo,
arrancándote desde la raíz,
convirtiéndote en tierra,
y soplando hasta hacerte desaparecer.

Y no hay peor ladrón que ése,
el que se lleva los amaneceres en el bolsillo izquierdo
y los atardeceres en el derecho,
dejándote huérfano de todos tus comienzos
y todos tus finales.

Nos perdimos de vista.

Rómpeme en caso de emergencia

No es lo mismo
dejarlos ir
que alejarlos
hasta que se vayan.

Emilia Pesqueira

Quiero algo que me destruya
porque reconstruirse
es un arte que quiero dominar.

Algo que me rompa
porque me prefiero en pedazos.

Algo que me sacuda
porque lo inmóvil
siempre me ha asustado.

Algo que me entierre
porque vengo del centro de la tierra
y la profundidad
es mi casa.

Quiero un mar que me inunde,
una voz que me deje sorda,
una canción que nunca se me olvide,
y unas manos
que me devuelvan la piel con la que nací.

Quiero que mi corazón hierva
sin que mi alma se queme,
y quiero vestirme de nieve
sin que me confundan con un ángel
porque nunca he tocado el cielo.

Quiero encontrar las respuestas
en el mismo lugar donde hice las preguntas,
y quiero que me resuelvan,
pero sin que me digan que soy un problema.

Rómpeme en caso de emergencia

Quiero borrar mi identidad
para formar parte del espacio,
y deshacerme de mi cuerpo
para columpiarme en estrellas.

Quiero encontrar la manera de lograr todo esto,
y quiero que me digan
que
sí
se
puede.

La cuestión
nunca fue el tiempo.

Me doy
por perdida.

Fuiste
un intento
de aterrizaje.

Rómpeme en caso de emergencia

Nos escribieron con tinta invisible
para que nuestra historia
no se pudiera contar.

Nos escribieron en las paredes
de un hotel de carretera
y en las del baño de un avión,
convirtiéndonos en personajes de paso.

Nos volvimos esa historia
que no se busca
pero que inevitablemente
estás predestinado a vivir.

Porque a todos,
tarde o temprano,
esa historia nos acaba tomando por el brazo,
y no nos deja ir
hasta que la dejamos suceder.

Y con nosotros
no tuvo la cortesía
de advertirnos que iba a suceder
demasiado rápido.

Se le olvidó decirnos
que no nos iba a dar tiempo
de guardar todas nuestras inseguridades
en las pestañas del otro,
y que no íbamos a escuchar nuestras risas
la suficiente cantidad de veces
como para memorizarlas para siempre.

No nos dimos cuenta
de que nuestra historia
venía con un reloj de arena incluido,
y a lo mejor
si nos hubiéramos dado cuenta,
todo hubiera sido suficiente.

Porque fuimos unos cobardes
felices,
enamorados,
disfrutando de otras vidas
mientras se nos escapaba
la nuestra.

Somos ruinas
en reconstrucción.

Perder(te)
para encontrar(me).

Rómpeme en caso de emergencia

Porque cuando eres tú
contra el mundo,
te das cuenta de que es mejor irte a vivir a la luna.

Salir por la puerta
y que el sonido de tus pisadas
sea lo único que llevas contigo.

Y seguro que algunos
irán detrás de ti,
siguiéndote,
pero los que no saben reconocer tus huellas,
no te podrán alcanzar.

Y llegar a la luna para descubrir
que ya no tienes que demostrarle a nadie
tus ruinas,
tus caminos,
tus vuelos,
tus aterrizajes forzosos
y torpes.
Ya no tienes que desnudar flores
hasta matarlas
porque al quitarle sus pétalos,
ya ninguna te responde de manera directa
si te quiere
o no.

Te acostumbras a ver la tierra
diminuta desde donde estás,
a verla a través de un telescopio
que te cuida y te protege.

Y quedarte en la luna,
pero no mucho tiempo
porque ella
también se marea de darle tantas vueltas a la tierra,
pero quedarte
hasta que entiendas que al irte,
no perdiste al amor de tu vida,
lo encontraste.

Eres el amor de tu vida,
y la luna lo sabía.

Rómpeme en caso de emergencia

El corazón
es un niño
con las rodillas raspadas.

Las murallas
no sirven de nada
cuando la batalla
ya la traes dentro.

Rómpeme en caso de emergencia

Soy
tu
culpa.

-¿Cómo estás?

                              -Como lobo
                                sin luna.

Rómpeme en caso de emergencia

No soy igual
desde que tú.

Estaba en un punto
en el que me aferraba
a un *tal vez*
como se aferraría un enfermo
a su última esperanza de vida.

No me di cuenta que
tenía sus palabras
y sus incongruencias
atadas al cuello
y me ahorcaba
cada vez que intentaba desenredarme de ellas.

No sabía si lo que sostenía
era su mano
o su recuerdo,
pero igual
lo hacía con todas mis fuerzas.

Y pensaba que lo que sentía
eran mariposas,
pero supongo que me confundí,
porque en realidad
lo que sucedía en el suelo de mi estómago
era una manifestación en su contra.

Me abrió los ojos
pero también
nuevas heridas,
y me mostró el camino
pero sin advertirme de las caídas.

Me había estancado,

Rómpeme en caso de emergencia

sin poder decidir entre
el ahora
y el después,
entre
el querer quedarse
y el tener que irse,
entre
el fue
y el pudo haber sido.

Pero pasó el momento,
pasamos nosotros,
dejando una estela
como lo haría cualquier estrella fugaz
que se pierde en la noche.

Y las quemaduras
que sigo teniendo en la piel,
no son gracias a las llamas,
sino a las cenizas que quedaron
y no he sabido apagar.

Me necesito
de vuelta.

Rómpeme en caso de emergencia

El silencio
que dejó
hace demasiado ruido.

Uno da el primer paso,
y el otro lo sigue.

Uno se acerca en silencio,
y el otro extiende los brazos.
Con los ojos abiertos
y el alma expuesta.

Saltan juntos al vacío y se rodean,
en busca de algo.
Explicaciones.
Restos.
Promesas.
Esperanzas.
Coincidencias.

Se abrazan con todas sus fuerzas,
no con la intención de volver a juntarse,
sino para soltarse.
No para detener el tiempo,
sino para poner punto final.

Hay abrazos
que no nos quitan el frío
ni nos devuelven completos,
enteros.

Hay abrazos que son la cicatriz,
la huella
con la que uno dice *adiós*.

Rómpeme en caso de emergencia

Fuimos un (p)r(o)bl(ema).

Conozco a personas
que saben cómo irse.
Las conozco
y me encantan.

Esas que empacan,
que no le temen a los nuevos caminos
y que no se ahogan
con la palabra *adiós*.

Esas que no se la complican
y entienden cuando ya acabó.

Que no miran hacia atrás
y que no caminan más lento
para que los detengan.

Me encantan esas personas
que no dejan huella,
que viven de puntitas,
sigilosas.
Esas que van
y vienen,
que no cuentan el tiempo,
ni sus cicatrices.
Que no se preocupan
y no se preguntan a diario
si son extrañadas
o si ya son olvidadas.
Que no les duelen los pies
por andar de prisa y sin frenos.

Y las admiro

Rómpeme en caso de emergencia

porque saben cuándo irse
y qué llevarse.
Porque sueltan
y no se rompen,
porque no les da vértigo ver a los ojos.

Me encantan
y las admiro
por ser y hacer
todo
lo que yo no puedo.

Somos los puentes
que no supimos
cruzar.

Rómpeme en caso de emergencia

Es el paréntesis
que se crea entre dos personas
cuando hay un mundo
que las separa
pero un universo
que lucha por juntarlas.

Es lo mundano
que se esconde en unos ojos que reparan todo,
hasta lo que no rompieron.

Es el color de los moretones
y las cortadas en las plantas de los pies.

Es renacer durante un eclipse lunar
y saber que no fue tu culpa
que te hayan querido con todo su corazón
pero no con el alma.

Es cerrar los ojos
pero seguir viendo
y es caer al suelo
pero seguir viviendo.

Es difícil
andar por la vida
siendo un recuerdo.

Y es peor
cuando eres el recuerdo
que tanto intentan olvidar.

Rómpeme en caso de emergencia

Después de un rato,
aprendes a volar
con las alas dañadas.

Aquí
se me desbordan las ganas de vivir descalza
y con el alma en la cima de una montaña.

Aquí
las nostalgias se pierden entre las nubes
y no encuentran el camino a mis ojos.

Aquí
se asoma el sol
por los espacios entre mis costillas
y ya no siento lluvia
en las puntas de mis dedos.

Aquí
las canciones
se escuchan más fuerte
y su sonido
ahoga los murmullos de mis pesadillas.

Aquí
el reloj no tiene pila
y no hay tiempo que pase por las calles
porque se lo prohibí
desde el primer día.

Aquí
el amor no es ciego
pero sí es mudo
y se evita tanta palabrería.

Aquí
mis sonrisas llegan para quedarse

y son dueñas de todo
sin pertenecerle a nadie.

Aquí
a la palabra *imposible*
parece que se le borraron las dos primeras letras
y se quedó a vivir en mi boca.

¿Está mal ser cicatriz
y extrañar
ser herida?

Rómpeme en caso de emergencia

Fue
el dolor de tu vida.

Estamos regresando a un pasado
que nos dejó un futuro
inundado de incertidumbre.

Queremos borrar el punto final
que tanto dudamos en escribir,
para convertirlo en coma.

Queremos continuar la historia,
sin saber que terminará
(de nuevo)
con recuerdos hundidos en el fondo del mar
y nos costará el doble salir a flote.

Porque las olas del mar
son de las pocas cosas que se van
y regresan con más fuerza.

Como si irse sólo para volver
o volver sólo para irse,
estuviera bien.
Cuando no.

No estamos hechos
para querer en forma de oleaje.

Ese oleaje que
va
y viene,
siempre alejándose
cuando nos acostumbramos a la presencia
y siempre regresando
cuando deja de ahogarnos por completo la ausencia.

Rómpeme en caso de emergencia

A veces no se puede reconstruir
lo destruido,
a veces no se puede volver a encontrar
lo perdido,
y a veces no se puede empezar de cero
porque estamos cada vez más lejos
del infinito.

Y la culpa no la tiene el mar,
sino nosotros
por querer respirar
por debajo del agua
(de nuevo).

Siempre fue más difícil
sostenerte la mirada
que la mano.

Rómpeme en caso de emergencia

A veces pasa
que por andar contando estrellas,
nos terminamos estrellando.

Hace frío.

Y es el frío
que nos invadió desde verano
pero nuestros huesos estaban demasiado ocupados
bailando
como para sentirlo.

Ahora,
que no bailan ni cantan,
lo sentimos.

Es el frío que no viene sólo,
sino acompañado.

Viene tomado de la mano
de todo aquello
que preferimos echar de menos
con tal de no herirnos de más.

Es el frío
que con su voz helada
nos habla.

Nos dice que hicimos bien
cuando por amor,
dijimos *adiós*
sin querernos ir,
y cuando por sobrevivir,
pedimos perdón
sin saber por qué.

Es el frío que viene a entendernos.

Rómpeme en caso de emergencia

A comprender por qué buscamos todo lo que alguna vez
nos negaron,
todo lo que alguna vez
vimos
pero no pudimos tocar.

Es el frío que nos conoce de pies a cabeza.

Que nos ha recorrido
y ha visto todo,
desde lo que llevamos colgado del cuello para el mundo,
hasta todo lo que se ha quedado encarcelado
en nuestros ojos,
pidiendo a gritos una cadena perpetua
con tal de no salir jamás.

Y es el frío que
si lo piensas,
no da tanto frío.

Simplemente nos hace temblar lo suficiente
como para preguntarnos
qué estación llevaremos dentro.

Si seremos primavera,
si hará calor debajo de nuestra piel,
o si como afuera,
como mucho,
adentro también hará frío.

Debajo de piedras,
que parecen tener nuestros nombres tallados en ellas.

Entre grietas en la banqueta,
donde flores
luchan por crecer con todas sus fuerzas.

En el fondo de botellas,
que al romperse,
hacen el mismo sonido
que nuestras almas
al mirarnos a los ojos.

En la flama de una vela,
que baila
como nosotros nunca hemos bailado.

En la última página de un libro,
que parece estar escrito
por
o para
nosotros.

Enredados en sábanas blancas,
con arrugas
como las que se nos forman
en la comisura de los labios
cuando sonreímos.

En la punta de unos dedos,
donde hemos estado
y nos quedamos tatuados.

Rómpeme en caso de emergencia

En todas partes
nos están buscando,
y se están acercando.

Estamos perdidos
pero
nos están encontrando.

A veces
regresar,
es mejor
que nunca haberse ido.

Rómpeme en caso de emergencia

Cambiar de mano
no cuenta
como soltarse.

Tiene cara
de querer cambiar al mundo.

Rómpeme en caso de emergencia

Escribo
por todas las veces
que me faltó aire.

Instrucciones para sobrevivir
un adiós a destiempo:

Debes
borrar de tus párpados
todas sus pinturas
para poder dejarlas de ver
cada vez que cierras los ojos.

Romper las promesas
que te hizo,
que le hiciste,
que se hicieron,
y romperlas
sin cortarte las manos con ellas.

Dejar de abrazar
con todas tus fuerzas
las palabras que un día te dijo,
soltarlas
y dejar que encuentren nuevos brazos
que puedan con su peso.

Entender
que no fue culpa de tu impuntualidad,
aceptar
que no existe eso de llegar tarde a la vida de alguien.
No llegaste tarde
y no llegaste temprano.
Simplemente
no llegaste.

Y sonreír

Rómpeme en caso de emergencia

al darte cuenta de que es bueno estar hecho pedazos,
porque van a llegar otras manos.
Manos que calman tempestades,
manos que crean mundos,
manos que saben perfectamente
cómo juntarte
para que vuelvas a ser uno.

A esta hora me gusta guardar silencio.

Y lo hago por todas esas flores
que no se atrevieron
a nacer en primavera.

Por todos esos brazos
que se rompieron
de tanto abrazar
a lo que ya no les pertenecía.

Por todos esos silencios
que nadie se atrevió a romper.

Por todas esas ganas
que se congelaron
por tenerlas en las puntas de los dedos
sin usarlas.

Por todas esas brújulas
que nunca encontraron el norte
o esas monedas
que siempre cayeron en cruz
y nunca dieron la cara.

Por todas esas llamadas perdidas
que nunca
pudieron regresar a casa.

Por todas la huellas
que no guían ni a un alma
y por todos los caminos desandados
por miedo a dar otro paso.

Rómpeme en caso de emergencia

Guardo silencio
por todos esos puntos
que no significaron un final,
pero tampoco
supieron ser comienzo.

Por todos esos *te extraño*
disfrazados de *adiós*.

Por todas esas lluvias
que no tuvieron quien bailara debajo de ellas.

Por todos esos muros alzados
sin razón
y esas casas abandonadas
sin aviso.

Por todas esas cenizas
que mueren
por regresar a ser fuego
y esos abismos
que mueren
por convertirse en cielo.

Por todo lo que seremos
sin darnos cuenta
de todo lo que podríamos ser.

Por todo lo que somos
sin saber el por qué
o el para qué.

Y por todo lo que fuimos:
ese río
que desembocó en el mar equivocado,
la séptima vida de un gato callejero
y la pestaña a la que nadie
le pidió un deseo.

Rómpeme en caso de emergencia

¿Y si no es la herida
la que duele
sino el remedio?

Te tenía anclado a mis huesos
y tú me tenías atada a tus ojos.
Y ahora lo único que tengo enredado
en mis costillas son las razones
por las que te fuiste
y las razones
por las que no regresas.
Y no sé cuáles
son peor.

Buscando
(t)encuentras.

No sé vivir
con los ojos
abiertos.

Rómpeme en caso de emergencia

El tiempo nos rebasó
y cuando me fijé, me di cuenta de que ya no
caminábamos hacia el mismo lugar.
Ya no estabas a lado de mí,
pero aquí seguías.

Te sentía en mis manos
y seguías parado
en la punta de mis dedos.
Seguías existiendo,
en los árboles alrededor de mi casa,
en las canciones que escucha mi papá,
en las calles,
en las noches.

Rompí las distancias
y abrí las ventanas
para dejar salir a todo eso
que me pedía a gritos que te olvidara.

Te sentía en los lugares que quería que estuvieras,
en los que estuvimos,
y en los que nunca pisamos.
Y aunque ya no caminabas a mi lado
y ya no compartíamos el mismo destino,
coincidimos.
Y son las coincidencias
las que nos unían
aunque estuviéramos separados.

Te ruego
que mates de una vez por todas
al *nosotros*
que no termina
de morir.

Rómpeme en caso de emergencia

Hay comienzos
que se cuelan
entre las grietas
de un final.

Creo que somos
una buena idea.

Rómpeme en caso de emergencia

Hay personas
que debemos tomar con fuerza
en lugar de tomarlas
con calma.

Volvería
a hacernos.

Rómpeme en caso de emergencia

Quedarnos
hasta que la piel deje de sentir
y recuperemos las lágrimas
que no debieron de haber salido.

Quedarnos
hasta que podamos alcanzar al tiempo
que hemos perdido
y traerlo de vuelta.

Quedarnos
hasta deshacernos del ruido
que guardan nuestras manos
y hasta que el silencio
se ponga de nuestro lado.

Quedarnos
hasta que las ausencias huyan de nuestras venas
y se escondan detrás del sol.

Quedarnos
hasta que almas ajenas
quieran vivir entre nuestros huesos
y que las nuestras
se sientan en casa.

Quedarnos
hasta que nuestras cabezas dejen de girar
y el mareo
no deje gritos ahogados en la almohada.

Quedarnos
hasta que nuestras preguntas

no necesiten respuestas
y nuestras palabras
no conozcan mentiras.

Quedarnos
hasta que la memoria
deje de visitar al pasado
y no baje la mirada
cuando se tope con el futuro.

Quedarnos
hasta que el arte se refugie entre nuestros labios
y se encargue de comerse de un bocado
a la melancolía.

Quedarnos
hasta que tengamos los pies bien plantados para irnos,
pero aun así,
no lo hagamos

Rómpeme en caso de emergencia

Ser dos
sin dejar de
ser uno.

El vértigo que da querer
lo que no deberías
de querer.

Rómpeme en caso de emergencia

Me quiere
como nunca
me he querido.

Pasamos de ser pedazos
a estar enteros.

Rómpeme en caso de emergencia

Es de esas personas,
de las que reviven
esos pedacitos de ti
que ya dabas por muertos
desde hace mucho tiempo.

Le crecieron
alas
en las cicatrices.

Rómpeme en caso de emergencia

Para algunos
son palabras,
para otros
son casas.

Hay personas
que nos leen
pero no se atreven
a escribirnos.

Y está bien.

-¿Y?

-Está hecho de puros comienzos.

Cuando piden que cuente nuestra historia
aclaro
que no es una historia de amor,
porque amor
fue exactamente lo que nos faltó.

Más bien es una historia
donde te describo
y te describiré siempre
como la persona que me arreglaba,
armaba todos mis pedazos
los sábados en la noche
y me destruía,
rompía todos mis esquemas
los domingos en la mañana.

También
brindamos
por lo que no pasó.

Hasta siempre,
no hasta nunca.

Rómpeme en caso de emergencia

Dile que te sientes como un equilibrista
caminando en la cuerda floja.

Que nunca habías sentido
una ausencia
tan presente.

Dile que se convirtió
en uno de esos finales
sin comienzo.

Dile que te viste nacer en sus ojos
y al mismo tiempo
morir a sus pies.

Dile que ya no escribes cartas,
pero dile que no es su culpa.
Que sigues corriendo descalza
sobre recuerdos rotos,
y tampoco es su culpa.

Dile que tus sueños
están jugando a las escondidas,
esperando ser encontrados por manos ajenas.

Que no sabes si te está hablando
la cabeza
o el corazón.

Dile que te llenó de paz
a mitad de tu peor guerra.

Dile que entiendes que hay promesas

que se hacen no siempre para ser cumplidas,
sino para no lastimar.

Dile que sabes que viene el invierno
pero siempre has florecido en otoño.

Que ya no tiene que refugiar a tus monstruos
debajo de su cama,
porque tenerlos bajo la tuya
ya no da tanto miedo.

Dile que es norte
y tú
sur.

Que llegaste a confundir sus caminos
con los tuyos.

Dile que tienes su nombre tatuado
en tus mejores sonrisas
y en tus peores atardeceres
(si es que existen).

Dile que ahora te toca irte,
cuando siempre has sido tú
quien se ha quedado.

Y ahora
díselo todo
sin que te tiemblen las manos.

Rómpeme en caso de emergencia

No deja de volar
por miedo
a convertirse en jaula.

Me confunden con personas
que dejé de ser
hace mucho tiempo.

Rómpeme en caso de emergencia

El arte
de morir
y renacer
miles de veces
en un solo día.

¿A cuántas despedidas
estaremos de
no irnos nunca?

Rómpeme en caso de emergencia

Estoy segura
de que nuestros caminos
nos hubieran llevado a un mejor lugar
si tan solo
se hubieran cruzado
antes.

Todo hubiera sido diferente
si nosotros hubiéramos
sido diferentes.

Si hubiéramos sido
más ingenuos
y menos cobardes.
Si nos hubiéramos tragado
más orgullos
y menos palabras.

Si hubiéramos logrado
frenar
o bajarle la velocidad al invierno
con un abrazo
o una promesa.

Pero no lo hicimos.

Preferimos andar así,
viéndonos de reojo
y escribiéndonos
como quien le escribe a un fantasma.

Leyéndonos a escondidas
y caminando erguidos,
sin algo que nos delate.

Que nos delate
y ponga en evidencia
el temblor de nuestras manos
y rodillas
cuando nos cruzamos.

Rómpeme en caso de emergencia

Seguimos nuestros caminos,
enteros,
con una falsa fortaleza,
haciendo lo que sea
con tal de no dar un paso en falso,
con tal de no hacernos pedazos.

También somos
lo que
nunca
fuimos.

Rómpeme en caso de emergencia

Morir
siempre por lo mismo
no es vivir.

No tienes fecha
de caducidad.

Rómpeme en caso de emergencia

A veces
no queremos voltear a ver la herida
por miedo a que ya no esté.

Y separados,
fueron felices
por el resto de sus días,
pero nunca se atrevieron
a hablar sobre sus noches.

Rómpeme en caso de emergencia

Me sobreviviste,
te sobreviví,
nos sobrevivimos.

A veces,
pero cuidado
porque sólo *a veces*,
hay que dejarse regresar.

Rómpeme en caso de emergencia

Cierras los puños
como si te estuvieras preparando
para lanzar el primer golpe,
pero en realidad
lo único que estás haciendo
es esconder el temblor de tus dedos
cada vez que te acuerdas
de su despedida.

Hay días
que son máquinas del tiempo.

Rómpeme en caso de emergencia

Y de repente
te das cuenta de que
ese *algún día*
del que tanto hablabas,
es hoy.

Veo náufragos
que esperan llegar a tierra firme sin brújula,
y almas
que quieren detener al tiempo
que se les escapa de las manos.

Veo canciones que le hablan
a los que jamás
las van a escuchar,
y libros que abrazan mejor
que cualquier persona.

Veo vidas
que buscan hacerse pedazos en una mirada,
y *te quiero*s
en voz bajita
que buscan rescatar al alma.

Veo manos llenas
entregando todo a unos ojos vacíos,
y unos ojos inundados
que no quieren devolverle los sueños a la noche.

Veo miradas
que nadie ha podido conquistar,
y otras
que ya no saben por cuantas personas
han sido visitadas.

Veo palabras
que no pueden entrar por puertas
entonces se meten por las ventanas,
y nubes

que no saben mantenerse en el cielo
entonces se convierten tormenta.

Veo orgullos
envueltos como regalos
que se reparten sin recibir nada a cambio,
y nostalgias
que crecen como flores
en las grietas de una banqueta.

Y veo sonrisas
que le dan sentido a lo absurdo,
y carcajadas
que piden a gritos ser entendidas.

Até mis miedos
a tus tobillos
y cuando te fuiste
te los llevaste contigo.

Rómpeme en caso de emergencia

Sobrevivo
con todo
lo que me mata.

Hay días
en los que cuesta el doble olvidar
y otros
en los que no cuesta
absolutamente nada.

Rómpeme en caso de emergencia

Se te llenaron los ojos
de alguien.

Tenemos que rompernos
hasta poder llamarnos
arte.

Rómpeme en caso de emergencia

Hay personas
que son
botes salvavidas.

Hay quienes florecen
en otoño.

Rómpeme en caso de emergencia

Todo está en poder decir
te quiero
a tiempo.

Está en tus propias manos
enseñarles a tus mariposas
cómo volar.

Rómpeme en caso de emergencia

Ayer sonreí
mientras oía canciones
con las que un día
lloré.

No perdiste,
te perdieron.

Rómpeme en caso de emergencia

No paro de bailar,
y lo bueno de hacerlo sola
es que nadie me pisa los pies.

Alguien que te vea a los ojos
y vea algo más
que vidrios rotos.

Eres la historia
más difícil
que he contado.

Nuestra piel
como
la armadura perfecta.

Rómpeme en caso de emergencia

Que nos digan
no mires hacia abajo
y miremos.

De eso se trata.

Para que cuando tiemblen,
lo hagan juntos
y conviertan a ese terremoto
en un lugar digno
de llamarse hogar.

Rómpeme en caso de emergencia

En un universo paralelo
cuelgan peces del cielo,
se habla con los ojos
y se escucha con los dedos.
En un universo paralelo
es normal perderte sin estar perdido,
y después encontrarte al borde de la locura
para sin siquiera pensarlo,
saltar.

Aunque haya días
en los que duela
que ya no duelas.

Rómpeme en caso de emergencia

No entiendo la definición
que todos tienen del amor.

Un amor
donde las personas esconden cartas,
dados
y monedas,
 cuando yo ni sé jugar a la enfermera
sin que me duela la cabeza.

Un amor
donde se espera que el héroe
se enamore del villano
pero sin que salga lastimado.

Un amor
donde se le tiene miedo a la primavera
y al verano
simplemente porque poco después
llega el invierno,
y el corazón nunca sobrevive por completo
una tormenta de nieve.

No entiendo por qué buscan personas
que quieran dar refugio a monstruos ajenos
debajo de su cama,
en vez de buscar personas
que quieran desenmascararlos
y hacerlos huir.
No entiendo por qué dicen

que *hay que luchar por amor*,
si el amor no debería de involucrar ninguna batalla
o guerra.

El amor debería de involucrar
fantasmas
que juegan a las escondidas
con nuestros sueños y valentía,
almas
que se encuentran en pupilas ajenas
para descubrir que llegaron a casa,
manos
que se tienden
para no soltarse nunca,
y miradas
que se vuelven cómplices
para cometer el mejor
de todos los crímenes.

Rómpeme en caso de emergencia

Esto es lo que pasa
cuando alguien
se convierte en la única bala
que no pudiste esquivar.

Es por nosotros
que ahora el mundo
gira más lento.

Rómpeme en caso de emergencia

No hay nada
más peligroso
que un corazón a punto
de ser detonado.

Nos vemos
en la próxima página.

Rómpeme en caso de emergencia

Y supongo
que después de todo esto,
es normal sentir
que a veces
soy demasiado humana.

Y es probable que por eso
te vayas.

Entonces vete
pero en silencio.
No empaques nada
pero llévatelo todo.

Tus cds rayados,
tus pesadillas
y tu cepillo de dientes.

Llévate tus excusas
y nuestros planes,
llévate mis abrazos de madrugada
y déjame las flores amarillas,
pronto se marchitarán.

Vete
pero no hagas ruido.

No me despiertes
y no te despidas.

Vete
cuando ya no puedas quedarte,
aunque quieras.
Vete
Cuando regreses
a uno de esos lugares
a los que alguna vez
llamaste casa,
y toques la puerta

Rómpeme en caso de emergencia

pero nadie te conteste
aunque la luz este prendida.

O cuando ya no encuentres
de dónde,
de qué
o de quién agarrarte.

Pero te suplico,
de la mejor manera que sé:
de rodillas
con palabras saliendo de mis heridas.

Te suplico
que si te vas haciendo ruido,
si decides romperme,
hazlo solo
en caso de emergencia.

Porque ya viste
que cuesta la vida arreglarse
y tengo solo una.

Emilia Pesqueira

Made in the USA
Las Vegas, NV
26 March 2021